P. L. M.

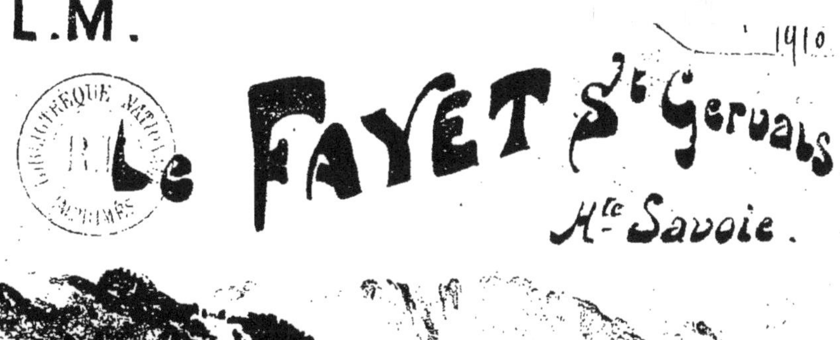

Le Fayet St Gervais

Hte Savoie.

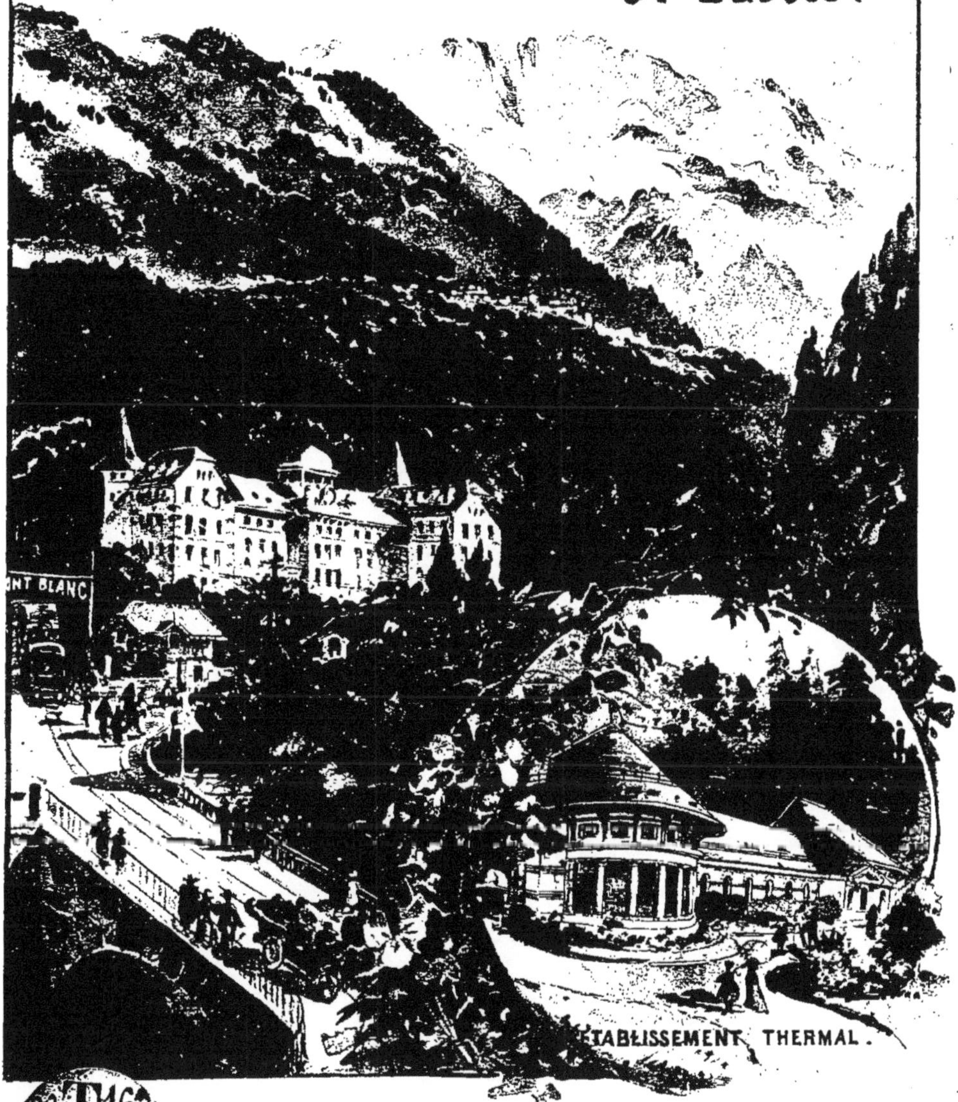
NT BLANC
ÉTABLISSEMENT THERMAL.

on hydrominérale dite

de Saint-Gervais-les-Bains.

PETIT GUIDE

de la Station Thermale

et Climatérique

du

FAYET-SAINT-GERVAIS-LES-BAINS

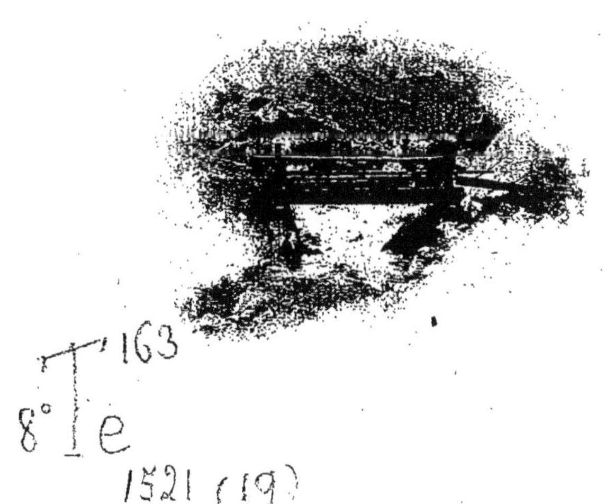

PETIT GUIDE

de la Station Thermale et Climatérique

DU FAYET-SAINT-GERVAIS-LES-BAINS

(Haute-Savoie)

Située dans le département de la Haute-Savoie, à l'Est de la belle vallée de Sallanches, au confluent de l'Arve et du Bon-Nant, la station Thermo-Minérale du Fayet-Saint-Gervais s'abrite aux flancs boisés du Prarion (1.860 m.), contrefort du grand massif du Mont-Blanc (4.810 m.).

Le Fayet forme la base du plateau où s'étage le village de Saint-Gervais, chef-lieu de canton, et surplombe une vaste plaine de 12 kil. de long sur 4 kil. de large. L'ensemble de cette région des Alpes pittoresque et variée, aux aspects tour à tour riants et grandioses, constitue la station thermale bien connue dite de Saint-Gervais-les-Bains.

Le Fayet est abrité des vents N. et N.-E. par la chaine secondaire du Buet (3.109 m.), la pointe des Fize et les aiguilles de Warens (2.632 m.).

Son altitude de 610 mètres, en raison de la proximité des cimes neigeuses, lui constitue un véritable climat de montagne.

Le fait de la condensation, sur les glaciers, des vapeurs que peuvent apporter les vents du S.-O., le garantit de toute humidité.

Ces particularités topographiques et atmosphériques font qu'il règne au Fayet, dès le mois de Mai jusqu'à fin Octobre, une température des plus douce et des plus régulière.

Sa pression barométrique moyenne est de 710, et sa température varie en été entre maxima 22° et minima 12° : la moyenne est de 16°.

La statistique des six dernières années a donné pendant cent-vingt-deux jours, comprenant la période des mois de Juin, Juillet, Août et Septembre, époque de la saison thermale :

ANNÉES	TEMPÉRATURE A PARIS	AU FAYET SAINT-GERVAIS		
		Jours de pluie	Variables sans pluie	Beaux
1904	Été sec	20	24	78
1905	» sec	22	25	75
1906	» très sec	19	21	82
1907	» pluvieux	21	39	62
1908	» moyen	23	33	66
1909	» très pluvieux	28	33	61
	Moyenne........	22	29	70

Aucune autre région de montagne n'offre une moyenne aussi forte de beaux jours et aussi faible de jours pluvieux.

Ces observations viennent confirmer nos dires sur la régularité du climat du Fayet.

Le sol constitué par des désagrégations du grand massif granitique et quartzeux du Mont-Blanc est essentiellement perméable. Il laisse les eaux de toute nature s'écouler dans l'Arve avec la plus grande rapidité, sans laisser la moindre trace de stagnation.

Diverses sources très abondantes situées sur le Prarion fournissent au Fayet ses eaux d'alimentation. Ces eaux proviennent des fontes glaciaires, et subissent une filtration si complète dans ces terrains, qu'elles sont d'une légèreté, d'une pureté (amicrobienne) et d'une fraîcheur (8°) qui les font apprécier de tous ceux qui ont pu les goûter.

MOYENS ET VOIES D'ACCÈS

Le Fayet est en communication directe avec les vallées de l'Isère, du Giffre, de Chamonix et de Martigny (Valais), la ville de Genève et les bords du lac, Annecy et Aix-les-Bains, par des routes larges et très fréquentées.

Par ses voies ferrées ainsi que par son train électrique, le Fayet est d'un accès facile et rapide.

La gare, très importante, terminus de la ligne P.-L.-M. à voie normale, le relie par les grands express, trains de luxe et wagons-lits, à tous les grands centres Européens.

On vient au Fayet de :

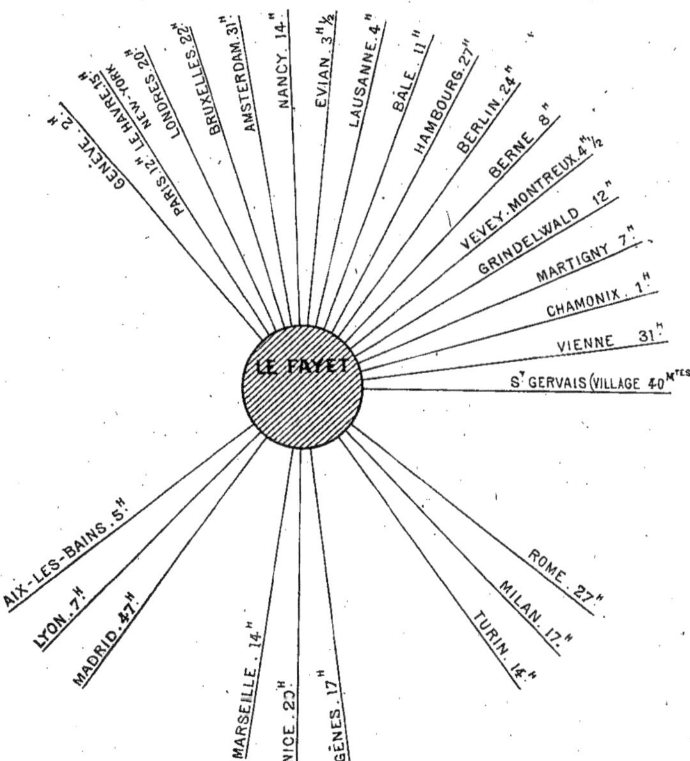

Le chemin de fer électrique de Chamonix à Martigny, le plus pittoresque des Alpes et de la Suisse, le met encore en communication directe avec l'Italie par la nouvelle percée du Simplon.

Par une foule de sentiers et de chemins muletiers qui accèdent aux cols et aux plus hautes cimes environnantes, le Fayet constitue le plus beau centre de petites et grandes ascensions alpestres.

*

La crémaillère du Mont-Blanc, dont le premier tronçon passant par le village de Saint-Gervais, Montivon et allant jusqu'au col de Voza (1.655 m.) a été inauguré en Juillet 1909, monopolisera, quand elle atteindra son point terminus, l'ascension du géant des Alpes, le *Mont-Blanc*, (4.810 m.), au profit du Fayet.

Cette colossale entreprise, dont les travaux se poursuivent normalement, rendra possible à tous cette ascension, qui autrefois constituait le privilège de quelques favorisés de la santé et de la fortune.

Crémaillère T. M. B.

La première section, actuellement ouverte au public, est déjà des plus attrayantes et constitue une ascension de toute beauté. Dès le départ de la gare du Fayet T. M. B. (alt. 580 m.), le train s'élève rapidement, en quittant la halte des Bains (alt. 610 m.), où a lieu la prise de crémaillère, dans la belle forêt du Berchat jusqu'au village de Saint-Gervais (alt. 800 m.). Par des rampes atteignant jusqu'à 24 %, l'ascension se continue jusqu'au hameau de Montivon (alt. 1.377 m.). De belles échappées permettent aux voyageurs d'admirer la vallée de l'Arve et son beau cirque de montagnes (Aiguilles de Warens, Mont-Fleury, Pointe-Percée, etc.).

A partir de Montivon, le coup d'œil devient plus grandiose et le spectateur se trouve sous le charme de l'étendue resplendissante de la vallée de Montjoie, formée par le Bon-Nant, qui s'étend jusqu'aux Contamines (1.107 m.) et au col du Bonhomme (2.340 m.), fermée au S.-O. par le Mont-Joly (2.527 m.).

Peu après, au Mont-Forchet, la voie tourne assez brusquement vers l'Est, les mélèzes deviennent rares, les prairies de montagnes parsemées de myrtilles et de rhododendrons avertissent le voyageur qu'il approche des régions glaciaires.

Au tournant apparaît bientôt aux yeux éblouis le grandiose massif du

Mont-Blanc et l'impressionnant glacier de Bionnassay. Le tracé de la crémaillère jusqu'au Col de Voza (1.655 m.), terme actuel du voyage, surplombe la vallée avec des à pic de 300 à 400 mètres.

De la vérandah du Buffet de la Gare, le touriste jouit d'un spectacle unique au monde et d'un horizon que couronne le plus beau panorama des Alpes.

Au Nord, la vallée de Servoz, la pointe noire du Pormenaz (2.384 m.), le Buet et le sommet du Brévent (2.525 m.).

A l'Est, la vallée de Chamonix, les Aiguilles-Rouges, la Mer de Glace, le Glacier des Bossons, l'Aiguille et le Dôme du Goûter (4.331 m.). En suivant vers le Sud, les Aiguilles de Bionnassay, de Tricot, de Béranger, le Dôme du Miage et toutes les cimes entourant le grandiose Glacier de Trè-la-Tête, un des plus beaux, sinon le plus beau du massif.

Col de Voza.

HISTORIQUE DE LA STATION

La découverte des sources remonte à 1806 : à cette époque, un ouvrier de Servoz, qui pêchait à la truite dans le Bon-Nant au-dessous de la cascade des Bains, remarqua des vapeurs à odeur sulfureuse qui s'élevaient des rives du Torrent à un endroit où la neige séjournait rarement en hiver.

Prévenu, le propriétaire du terrain, M. Gontard, fit exécuter des fouilles qui permirent de constater la présence d'une source thermale abondante.

A la suite d'analyses qui en furent faites par Pictet, Tingry, Boissière et de la Rive, membres de la Société d'Histoire de Genève, la création d'un Établissement fut immédiatement décidée et mise à exécution.

L'efficacité de ses eaux lui fit rapidement une réputation de bon aloi, si bien, que déjà en 1809, la Société Médicale de Lyon en fait mention dans des termes élogieux ; que l'École de Médecine de Paris donne un avis favorable à leur usage, dans une note adressée au Ministère de l'Intérieur le 3 juillet 1810.

Depuis lors, l'Établissement, sans cesse grandissant, passa entre les mains du Docteur de Mey et de ses successeurs, et sa renommée s'étendit jusqu'en Belgique et en Allemagne.

Vers 1882, les sources devinrent la propriété de la Compagnie Générale d'Eaux Minérales et Bains de Mer, 48, rue Taitbout, à Paris. Sous cette puissante Société, la station primitive se transforma et fut dotée d'un nouvel Établissement et d'un Grand Hôtel réunissant tout le confort moderne.

LES ÉTABLISSEMENTS

CONSTRUIT à 50 mètres de l'entrée du parc et à 300 mètres seulement de la Gare du Fayet, le nouvel Établissement se compose d'un grand hall central, où se trouve une buvette de la Source Gontard-de-Mey, et qui sert de salle d'attente et de lecture ; à droite et à gauche de deux corps de bâtiments, avec couloir central sur lequel s'ouvrent les cabines de bains, hautes, lumineuses et confortablement installées.

Le corps de bâtiment de droite, réservé aux Messieurs, de même que celui de gauche, réservé aux Dames, se terminent en rotonde, dans lesquelles sont aménagées des salles de douches, de massages sous l'eau, avec déshabilloirs et salles de repos.

Des cabines de bains de vapeur (système Berthe), des salles de douches de gorge et nasales, de douches ascendantes, d'entéroclyse et de pulvérisations complètent cette installation.

Tous ces services, installés selon les derniers progrès de l'hygiène moderne, font du nouvel Établissement du Fayet un modèle du genre.

Etablissement Thermal et aiguilles de Warens

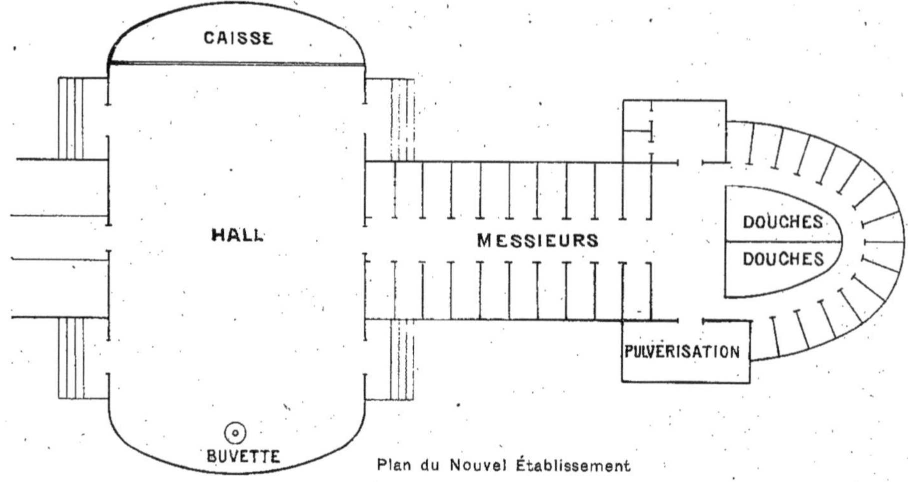

Plan du Nouvel Établissement

Depuis la construction du nouvel Établissement, on a restauré l'ancien. Une partie a été réservée au traitement sulfureux, dont l'eau ne peut être utilisée que sur place en raison de ses éléments gazeux. Il se compose de deux buvettes (source sulfureuse et source Gontard) et de cabines de bains aménagées sur l'emplacement même des sources.

MÉDICATION THERMALE

(Dr Bastian)

I. COMPOSITION DES EAUX.

Il existe au Fayet-Saint-Gervais trois sources principales, émergeant de fissures dans les roches (quartzites) du fond du parc. La source de Mey, la source Gontard, la source du Torrent, avec un débit respectif de 30,200 et 25 litres à la minute, et des températures invariables de 39°, 40° et 39°.

Des analyses faites par divers éminents chimistes à des époques différentes ont montré deux faits importants :

1° La constance de la température et de la composition minérale ;

2° L'identité de composition chimique des trois sources avec cette différence importante que les sources de Mey et Gontard, qui confinent, présentent des traces très fugaces d'hydrogène sulfuré, tandis que celle du Torrent est réellement sulfureuse avec des doses appréciables d'hydrogène sulfuré.

Ce fait présente une importance capitale dans l'utilisation des eaux, le médecin ayant à sa disposition des eaux à principes définis dans les trois sources, auxquels vient s'ajouter un élément nouveau dans l'une d'elles.

Voici le tableau des analyses de M. Wilm, l'éminent chimiste de Lille :

PRINCIPES MINÉRALISATEURS	Source GONTARD	Source de MEY	Source du TORRENT
Acide carbonique des bicarbonates (CO^2)	0gr1525	0gr1408	0gr1490
Acide carbonique libre	0.0505	0.0504	0.0506
Hydrogène sulfuré libre	néant	néant	0.0049
Carbonate de calcium	0.1715	0.1555	0.1677
Carbonate de magnésium	0.0015	0.0038	0.0014
Silicate de magnésium (SIO^3Mg)	0.0237	0.0605	0.0298
Silice en excès	0.0279	0.0081	0.0277
Sulfate de sodium	1.7150	1.7732	1.7184
— de potassium	0.1070	0.1088	0.1166
— de lithium	0.0770	0.0748	0.0715
— de calcium	0.9017	0.9577	0.9321
— de magnésium	0.1194	0.0695	0.1267
Chlorure de sodium	1.7198	1.7530	1.7509
Bromure de sodium	0.0361	0.0369	0.0407
Iodure de sodium	traces	traces	traces
Total des matières fixes par litre	4.8997	5.0018	4.9835
Poids du résidu observé	4.8919	4.9960	4.9888
CONTROLE DE L'ANALYSE			
Résidu converti en sulfates, observé	5gr3178	5gr4712	5gr4272
— — calculé	5.3377	5.4702	5.4298
Alcalinité observée	0.1940	0.2141	0.1919
— d'après le groupement	0.1931	0.2161	0.1952
ON A POUR LES CARBONATES A L'ÉTAT DE BICARBONATES :			
Bicarbonate de calcium	0gr2470	0gr2239	0gr2405
— de magnésium	0.0028	0.0057	0.0022

Depuis 1892, ces résultats analytiques ont été vérifiés par notre confrère le Dr Guéridaud, contrôlés eux-mêmes par M. A. Carnot, de l'École des Mines.

La constitution chimique de telles eaux explique la difficulté de les faire rentrer dans le cadre précis d'une classification : tantôt elles ont été classées parmi les sulfureuses (salines sulfureuses, Dr Billout), tantôt parmi les sulfatées sodiques, puis dans les chlorurées sodiques sulfureuses (Durand-Fardel), tantôt parmi les sulfatées qui caractérisent la médication calcique (Delfau).

Nous serions donc tentés d'en faire un groupe à part unique.

Leur caractéristique est de renfermer :

1° Des bases alcalines ou alcalino-terreuses en quantités importantes : soude, chaux, potasse, magnésie, lithine ;

2° Des acides (sulfurique, chlorhydrique, carbonique, bromhydrique, que les considérations théoriques sur la manière dont les corps sont groupés nous permettent de supposer) formant avec ces bases des sulfates, des chlorures, des bromures, des carbonates.

L'ordre de prédominance de ce groupement en fait des eaux sulfatées et chlorurées, sodiques et calciques, lithinées et bromurées.

Si elles renferment un élément important de bromuration qui les met en parallèle avec Bourbonne, Salins, Kreutznach, *elles sont aussi les plus lithinées des eaux minérales connues.* Leur richesse en lithine, 29,3 milligrammes par litre, les met comme celles de Santenay (29), au-dessus de Kreutznach (13,5), de Royat (12), de Châtel-Guyon (9,6), de Kissingen (8,9) et surtout des eaux du bassin des Vosges.

Outre le bromure et la lithine, elles renferment une quantité importante d'acide carbonique libre et d'azote, dont elles laissent dégager à leur point d'émergence des quantités de bulles, signe de radio-activité probable.

II. ACTION THÉRAPEUTIQUE DES EAUX ET MODES D'EMPLOI

Comme cela a déjà été écrit (Billout, Deligny, Guyenot), ces eaux sont légèrement laxatives et surtout diurétiques et eupeptiques, agissant sur les grandes dermatoses, l'eczéma en particulier, non pas par action substitutive comme souvent le font d'autres eaux, mais plutôt sans aucune poussée, par effet décongestionnant, antiphlogistique, sédatif.

A l'usage externe, bains, pulvérisations, douches, ces eaux sont onctueuses et ont une action très marquée sur le prurit, la cuisson, la chaleur, qui accompagnent les dermatoses irritables. Elles agissent en décongestionnant, effet facilement appréciable quand on agit sur une plaque d'eczéma au moyen de pulvérisation, dont nous faisons un large usage. Au sortir de la pulvérisation, la peau eczématisée apparait pâlie, moins turgescente. Dans le bain, pris en général à une température de 33° à 35°, les malades éprouvent une sensation agréable de bien-être, qui persiste plusieurs heures ; ils se sentent soulagés, même dans le cas où, avant de venir à la station, tout bain irritait leur lésion. Il semble que l'eau leur soit un topique émollient et résolutif. Par sa composition, apparaissant, en effet, comme un sérum naturel, elle n'est pas irritable ; en baignant les parties malades, elle paraît leur rendre des éléments nécessaires à une kératinisation normale. En outre, les malades éprouvent une sédation constante et sans effet de fatigue, de tout leur système nerveux. Cet effet sédatif ne s'exerce donc pas seulement sur les extrémités nerveuses cutanées, ce qui se comprendrait à la rigueur, mais encore sur tout le système nerveux général. Moins excités, moins irritables, et malgré leur prurit nocturne habituel, les malades *se calment et dorment.*

Mais pour que cet effet de sédation se produise, les bains doivent être tempérés et courts le plus souvent, adaptés au mode de réaction générale et cutanée de chacun. A cet égard on constate une variabilité extrême, qui nécessite un certain doigté pour obtenir des bains tout l'effet désirable.

A l'usage interne, facilement absorbées et tolérées, ces eaux excitent les sécrétions gastriques, intestinales, hépatiques et peut-être pancréatiques. Stimulantes des sécrétions par régularisation de la fonction, en vertu de leur minéralisation, comme le massage les régularise par excitation indirecte, ainsi que l'a montré le Dr Cautru, elles augmentent l'appétit, diminuent les phénomènes douloureux. Ici encore le sérum qu'elles constituent aurait des effets d'osmoses et d'exosmoses favorables aux muqueuses et aux glandes qui y sont annexées, et par contre-coup une action peut-être aseptisante, à coup sûr tempérante.

Quoi qu'il en soit, sous l'influence de l'eau en boisson, nous voyons les urines fournir, dès les premiers jours, une plus grande quantité d'éléments minéraux : chlorures, urates, oxalates, etc., dont l'excrétion diminue ensuite petit à petit au bout de 8 à 10 jours dans de notables proportions pour revenir à la normale. L'acide urique diminue de même, en moyenne vers le 5e ou 6e jour, en même temps que le taux de l'urée s'élève très sensiblement et presque constamment. L'acidité totale, après avoir augmenté les premiers jours, s'atténue en même temps que l'excrétion exagérée des chlorures, urates et oxalates, tandis que les phosphates varient peu et d'une manière inconstante.

Donc premier effet de décharge de la toxémie sanguine, et ultérieurement modification des combustions intimes, « désassimilation plus complète et déminéralisation », puis, en dernier terme, fixation plus complète, mieux appropriée d'éléments minéraux, qu'une nutrition défectueuse diathésique ou acquise avait mal fixés, ou incomplètement assimilés.

J'insiste sur ce fait, que légèrement et inconstamment laxatives, ces eaux sont toujours diurétiques, mais souvent après un certain nombre de jours. Beaucoup d'analyses m'ont révélé qu'elles le sont surtout en raison de la plus grande excrétion d'urée, et que la diurèse suit une courbe parallèle à l'excrétion d'urée. Cela constitue un fait important, qui permet de penser que les eaux du Fayet-Saint-Gervais deviennent d'autant plus diurétiques qu'elles agissent mieux sur la désassimilation générale. Elles le sont alors, mêmes à faibles doses et porteraient pour ainsi dire en elles-mêmes le critérium de leur utilité.

On pourrait peut-être, à juste titre, tirer de ces faits des déductions théoriques importantes ; mais je n'apporte ici qu'une constatation, une observation générale.

Il me paraît cependant nécessaire d'exposer qu'après les résultats premiers de l'ingestion des eaux, qui sont en résumé :

1° Purgation légère et aseptisation intestinale ;

2° Régularisation des fonctions digestives et meilleure utilisation des ingesta ;

3° Diurèse et élimination de toxines ;

4° Déminéralisation et reminéralisation avec augmentation de l'urée.

Il y a également des résultats seconds très apparents qui sont :

1° Augmentation de l'appétit ;

2° Décongestion des organes, probablement due à la diminution des principes vaso-constricteurs provenant de toxémie alimentaire, gastro-intestinale, hépatique ou uricémique ;

3° Diminution de l'hypertension artérielle ;

4° Diminution de l'hypertension portale ou pléthore abdominale, accusée par l'effacement plus ou moins accentué des hémorrhoïdes, fait banal, je le veux bien, mais cependant très important dans sa banalité apparente ;

5° Légère perte de poids.

Un deuxième élément thérapeutique de la station du Fayet-Saint-Gervais comprend tout un ensemble de qualités climatériques, caractérisé par une exposition en amphithéâtre au Sud-Ouest, au milieu de pâturages, de cultures et de bois résineux. L'abri qu'offrent divers contreforts du massif du Mont-Blanc contre l'action excitante des vents du Nord-Est, contre l'action directe des glaciers, une insolation parfaite, l'absence d'humidité, des altitudes variables de 600 à 900 mètres et plus, depuis les bains du Fayet, où émergent les eaux, jusqu'au village de Saint-Gervais et au-dessus, font de cette station une localité privilégiée au milieu de la région même qui l'entoure. Les grandes chaleurs de l'été y sont tempérées par l'influence indirecte des glaciers, et les froids excessifs y sont inconnus, aussi bien que les brouillards persistants.

Ce climat spécial de montagne, avec le calme majestueux de la région, constitue un puissant moyen de sédation du système nerveux, en même temps qu'il offre des éléments de tonification intense. Ce fait, pour l'explication duquel il faudrait invoquer des théories toujours discutables et décevantes, est cependant d'observation courante et très nettement appréciable. Pour s'en convaincre, sans invoquer certains faits très spéciaux d'excitation génésique parfaitement amendée, il suffit d'observer et de voir les nombreux malades neuro-arthritiques et les neurasthéniques irritables qui viennent chaque année chercher au Fayet-Saint-Gervais, comme d'autres le font à Néris, le calme, le repos de leurs nerfs, la sédation de leurs phénomènes douloureux subjectifs, et cela sans même faire usage des eaux qu'ils considèrent trop souvent comme uniquement spéciales aux dermatoses. Beaucoup cependant s'adressent aux moyens hydrothérapiques que leur fournit une bonne installation et une eau froide à une température constante de 8°. En calmant leur système nerveux, surmenés et névrosés trouvent encore des éléments de reconstitution dans la cure d'air, de lumière, d'altitude appropriée, de terrains variés, qui font avec les cures hydro-minérales un ensemble puissant de sédation nerveuse et de tonification, qu'il s'agisse de dermatoses irritables, prurigineuses ou de toute autre affection où l'excitation nerveuse peut être invoquée ou incriminée.

Aussi les indications du Fayet-Saint-Gervais doivent s'étendre et se préciser en même temps.

III. – INDICATIONS

1° Indications générales. — Tout traitement hydro-minéral est un modificateur général qui porte son action sur les humeurs et les tissus : les systèmes sanguin, nerveux, cutané, gastro-intestinal subissent de ce fait des modifications plus ou moins profondes, aussi bien que tous les organes spéciaux (1). De telle sorte que l'état de nutrition générale se trouve aussi modifié, et assez profondément souvent, quand il a été vicié ou perverti d'une manière acquise (régime et hygiène défectueux) ou héréditaire.

(1) Tels que le foie surtout, dont les fonctions sont trop souvent amoindries, insuffisantes ou déviées dans la diathèse arthritique.

La fédération des éléments thérapeutiques et climatériques fait du Fayet-Saint-Gervais la station la plus appropriée au traitement des *diathèses* et des affections à nutrition retardante, au neuro-arthritisme, à la goutte, à leurs séquelles, à leurs manifestations diverses qui peuvent atteindre tous les organes, toutes les fonctions.

Elle convient aux malades excités, aux névropathes ; aux algies nerveuses, conséquences de déviations fonctionnelles douloureuses, psychiques, affectives, sensorielles ; aux enfants atteints ou prédisposés, qui devraient y faire des cures préventives et fuir momentanément au moins l'encombrement et l'air vicié des villes ; aux anémiés, aux artério-scléreux.

2° Indications spéciales. — I. *Maladies de la peau.* — En première ligne les eczémas. Ce sont les eczémas des nerveux, prurigineux et irritables qui s'y trouvent le mieux. Secs ou suintants, localisés ou généralisés, chroniques ou subaigus, ils n'y subissent jamais la poussée, qui devrait les éloigner des stations où on la recherche et qui convient aux torpides, affaiblis ou scrofuleux. C'est aux *eczémas congestifs* des arthritiques que le Fayet-Saint-Gervais s'adresse plus spécialement, et la guérison est la règle, disait le Dr Billout.

Au niveau des lésions cutanées, il se produit des phénomènes de décongestion dermique et de kératinisation durables.

Toutes les dermatoses, prurigineuses surtout, sont également justiciables du Fayet-Saint-Gervais, et spécialement celles qui, irritées, se compliquent si facilement d'eczématisations : Lichens, névrodermites, séborrhéides, acnés, psoriasis, urticaires, prurigos ; la clinique thermale en fournit de nombreux exemples.

II. *Affections du tube digestif.* — Par leur action tempérante et sédative sur le système glandulaire et les anomalies de sécrétion, les eaux du Fayet-Saint-Gervais combattent efficacement :

— Les dyspepsies tant stomacales (hypo- et hyperchlorhydriques, saburrales) qu'intestinales (diarrhées fétides, pseudo-membraneuses, constipations).

— Les pléthores abdominales (hémorrhoïdes).

— Les congestions hépatiques, les lithiases biliaires, et toutes déviations fonctionnelles hépatiques, si communes du reste dans les dermatoses.

III. *Affections génito-urinaires.* — Gravelle urique.

— Les algies utérines, ovariennes, surtout liées à des déviations fonctionnelles d'origine arthritique et nerveuse.

— Les dysménorrhées (hystériques, neurasthéniques en terrain goutteux), les aménorrhées nerveuses, les catarrhes utérins, congestions utérines des jeunes filles, de la ménopause, les métrites irritables.

IV. *Affections des voies respiratoires.* — Rhinites, pharyngites, laryngites congestives.

V. *Les faux cardiaques, nerveux et dyspeptiques.*

VI. *L'impaludisme*, compliqué surtout d'affections gastro-intestinales dysentériformes des *pays chauds.* Les convalescents des affections des pays chauds anémiés.

VII. *Affections nerveuses.* — Les neurasthéniques, surtout les excitables, et tous les névrosés trouvent au Fayet-Saint-Gervais, avec des eaux minérales digestives, sédatives, un climat d'altitude sédatif lui-même, une cure d'air reconstituant et calmant, une cure de terrain naturelle, variée, enchanteresse et des moyens hydrothérapiques multiples et perfectionnés.

En résumé on trouve au Fayet-Saint-Gervais, pour combattre toutes manifestations d'intoxication jointes à un nervosisme exagéré, autrement dit l'irritabilité, les éléments les plus favorables et concordants, tant dans la cure hydrominérale que dans la cure climatérique, et à cet égard peu de stations conviennent mieux pour faire de la *puériculture* quand il s'agit d'enfants dégénérés, névrosés, dont les lésions ou mieux les déviations fonctionnelles dérivent d'une hérédité chargée. Quoi d'étonnant à cela, quand la première spécialisation du Fayet-Saint-Gervais, au siècle dernier, avant Bazin et Hardy, s'adressait surtout aux aïeux de ces enfants, les goutteux. En raison de leur facile adaptation au milieu qui les entoure, les enfants sont rapidement calmés, tonifiés, capables d'un développement normal physique et moral.

IV. CONTRE-INDICATIONS

Il est facile de se rendre compte qu'il ne faudra pas envoyer au Fayet-Saint-Gervais les malades qui ont besoin d'excitation, les dermatoses torpides, les bacillaires avancés, les cardiaques asystoliques. Quant aux autres cardiaques, selon la formule humoristique de Monsieur le Docteur Huchard, ils pourront y venir, puisqu'ils peuvent aller à toutes les eaux à condition de ne pas s'en servir.

Corps médical de la Station

MM. les Docteurs :	MM. les Docteurs :
Baradat	Guéridaud
Bastian	Mallein
Craponne	Petit
Danjou	Roux

RÈGLEMENT GÉNÉRAL SUR LES ABONNEMENTS

Les *Abonnements* sont délivrés au guichet du *Nouvel Établissement thermal,* à l'entrée du parc.

L'*Abonnement Général* donne droit à tous les services dans l'un ou l'autre des Établissements thermaux (sauf le massage et les bains de vapeur).

Il en est de même pour les traitements gratuits.

L'*Abonnement de Buvette* confère la faculté de boire sur place aux Buvettes des deux Établissements, mais non celle d'emporter de l'eau ni d'en faire prendre à la source.

Des bouteilles et des demi-bouteilles sont vendues ou remplies à la source contre un ticket pris au guichet de l'Établissement.

Les cartes d'*Abonnements* sont personnelles et nominatives ; toute personne qui prêterait sa carte perdrait son droit à l'abonnement.

L'*Abonnement Général* est valable pendant 22 jours seulement. Il confère néanmoins la faculté de boire pendant 30 jours, comme l'*Abonnement de Buvette*, afin de faciliter le repos quelquefois imposé par MM. les Docteurs. Le contrôle devra être avisé de toute interruption dans le traitement pour être reconnu valable.

Les tickets ne sont valables que le jour même de leur compostage au guichet.

La Direction se réserve le droit, en cas d'encombrement dans le même service, de fixer des heures ou de distribuer des numéros à MM. les Baigneurs, qui sont priés de vouloir bien s'y conformer.

Toutes les réclamations ou plaintes sont reçues au bureau de la Direction.

MM. les Baigneurs sont instamment priés de ne pas faire usage des Eaux sans direction médicale.

TARIF GÉNÉRAL

	Prix
Abonnement Général donnant droit à tous les services, sauf les Bains de vapeur et le massage	120. »
Abonnement de buvettes	20. »
Eau à emporter . . . . . *La bouteille*	0.60
— . . . . . *La ½ bout.*	0.40
(Les bouteilles vides sont reprises à 0.10).	
Bains : minéral simple (1 peignoir, 1 serviette)	2.60
— complet (1 fond de bain, 1 peignoir, 2 serviettes)	3. »
— de siège à eau courante (2 serviettes)	1.50
— de pied ou local (2 serviettes)	1. »
Douches : générale chaude ou écossaise (2 peignoirs, 2 serviettes)	2.50
— générale froide (2 peignoirs, 2 serviettes)	2. »
— ascendante (Entéroclyse) (2 serviettes)	1.50
— de gorge (1 bavette, 2 serviettes)	1.50
— d'injection dans le bain	1. »
Pulvérisations : locale (1 bavette, 2 serviettes)	2. »
— en cabine (1 peignoir, 2 serviettes)	3. »
Massage : général sous l'eau	5. »
— —	4. »
— local	2. »
Bains : de vapeur système BERTHE, linge compris	5. »
— — — — avec massage	8. »
Supplément de linge : serviette	0.15
— peignoir	0.25
— fond de bain	0.30
— drap pour lit de repos	0.50

Les enfants au-dessous de douze ans ont droit à une réduction de 50 % sur le présent tarif, excepté sur l'eau à emporter et le linge supplémentaire.

Expéditions d'Eau minérale, Source GONTARD

Caisse de 50 bouteilles.	Caisse de 25 bouteilles.	Caisse de 12 bouteilles.
30 fr.	16 fr.	8 fr. 50

Prix franco, gare du Fayet (Haute-Savoie).

LE PARC ET SES HOTELS

Le Parc merveilleux de l'Établissement a une superficie de 52 hectares.

Ombragé de chênes et de sapins séculaires, égayé par les jolies cascades et le cours sinueux de son torrent, le Bon-Nant, il constitue le plus délicieux séjour de calme et de repos qu'il soit possible de rêver.

Ses belles avenues, éclairées le soir à l'électricité, et ses nombreux sentiers sous bois offrent une multitude de promenades variées à l'air vivifiant et toujours renouvelé des glaciers, à l'abri des poussières des agglomérations urbaines et des grandes routes.

Par ses nombreux rapides, le Bon-Nant, aux rives si pittoresques, permet aux amateurs de pêche à la truite de se livrer aux distractions de leur sport favori.

Des jeux de tennis, de croquet, de boules, un gymnase, etc., complètent, avec les concerts qui y sont donnés trois fois par jour, les nombreux agréments réunis en été dans cet Eden de fraîcheur et de verdure.

HOTEL DE LA SAVOIE

Afin d'offrir aux baigneurs toujours plus nombreux et selects qui fréquentent la station du Fayet, un confort qu'on rencontre rarement dans les pays de montagne, la Compagnie propriétaire des sources a fait construire à l'entrée du Parc et à 25 mètres du nouvel Établissement le Grand Hôtel de la Savoie.

Adossé à une belle forêt de sapins qui fait partie du Parc, cet Hôtel est tout en façade, et jouit, par son orientation sur la plaine de Sallanches, d'une vue incomparable sur la chaine de Mont-Fleury, Pointe-Percée et les Aiguilles de Warens.

Des appartements et des terrasses de l'Hôtel, on assiste chaque soir à des couchers de soleil magnifiques, qui font de ce cadre unique de la grandiose nature un féerique décor de théâtre.

La réputation de confort de l'Hôtel de la Savoie n'est plus à faire, et l'excellence de sa table, de notoriété dans toute la région, le font préférer à toute autre maison.

Vue de l'hotel

HOTEL DES BAINS

Au bout du Parc, près de l'ancien Établissement et de la Chapelle de Notre-Dame du Torrent, où est célébré le service religieux catholique, se trouve l'Hôtel des Bains, plus modeste, mais très apprécié des malades recherchant le calme et la tranquillité.

A proximité des deux hôtels un grand garage bien aménagé avec box fermés, très goûtés des nombreux automobilistes qui visitent cette superbe région, complète avantageusement l'installation de premier ordre des hôtels de la station.

EXCURSIONS ET ASCENSIONS

Peu, sinon aucune autre station thermale, offrent un aussi grand nombre de petites et grandes excursions que le Fayet. Pour aider le touriste dans son choix, nous allons, en les divisant par appellations et par importance, en donner une liste, bien incomplète encore.

LE FAYET, CENTRE D'EXCURSIONS

1° *Visite du Parc, cascade des Bains et de Crépin.* — Suivre par la route du Parc sur toute sa longueur, jusqu'aux sources, le lit du torrent. Après l'ancien Établissement, traverser le pont de bois, gravir le sentier rapide qui tourne à gauche et arrive à la plate-forme d'où l'on admire, l'après-midi, de magnifiques arcs-en-ciel sur les vapeurs de la Cascade des Bains. Revenir sur ses pas jusqu'à l'escalier près des bâtiments de droite, prendre le sentier du village qui mène à la Cascade de Crépin (montée très raide; vue de la Cascade : 0 fr. 50; temps 1 heure, se fait à pied seulement).

Un Coin du Parc.

2° *Bois des Amerans; Fontaine-Froide; Pont du Bon-Nant; Passerelle du Pont du Diable; retour par le Crépin.* — En longeant le Bon-Nant, vers le milieu du Parc, traverser le premier pont de bois et prendre le sentier dit « des Poules » jusqu'à l'orée du bois des Amerans. Prendre sur la gauche le chemin de la Fontaine-Froide qui rejoint la route de Megève. Un peu avant le beau pont sur le Bon-Nant (ce pont, construit en 1876, d'une seule arche en pierre, a 85 mètres de hauteur), descendre à la passerelle en fer du Pont du Diable, emplacement de l'ancien pont emporté en 1892. Importants et intéressants travaux de la prise d'eau de l'usine électrique du Fayet. Remonter vers l'église, traverser le village et prendre à gauche le sentier du Crépin rejoignant le Parc (à pied seulement en 2 heures ½.)

3° *Le Berchat, carrières de jaspe, la route des Plagnes.* — Monter à l'entrée du Parc par le vieux chemin du Berchat (tracé de la crémaillère du T. M. B.) jusqu'à son intersection avec cette dernière. Derrière le réservoir d'eau potable de l'Établissement thermal (sources très abondantes de 630 litres à la minute, et d'une pureté remarquable pouvant rivaliser avec l'eau

Un Coin du Parc

d'Évian), prendre à gauche un sentier traversant les deux nants (torrents) Ferney et Gibeloux. Dans le lit du premier, voir les anciennes carrières de jaspe sanguin d'où sont sorties les colonnes du grand escalier de l'Opéra de Paris. Suivre jusqu'à la route des Plagnes et revenir sur la gauche. Du village, belles échappées sur la vallée de l'Arve. Y voir la Pierre des Romains, indice de l'occupation de la vallée par ces derniers. (A pied seulement ; temps : 1 heure ½.)

4° *Cheminées des Fées.* — Prendre le chemin du Berchat jusqu'au pont de la crémaillère du T. M. B., jeté sur la route nationale du village de Saint-Gervais. Continuer ce chemin ou aller sur la route à droite, prendre le chemin muletier du Prarion se dirigeant vers le N.-E.

Beaux monolithes recouverts de larges plateaux en pierres.

(Temps : 2 heures ; peut se faire partie en voiture, en empruntant la route nationale jusqu'au chemin du Prarion.)

5° *Bionnay et les Usines.* — Monter le Berchat ou le Crépin, traverser Saint-Gervais-Village et prendre les sentiers supérieurs du vieux chemin, jusqu'au hameau de Bionnay.

Au confluent du torrent de Bionnay avec le Bon-Nant, belle usine électrique du Mont-Blanc qui éclaire le Fayet et Saint-Gervais-Village. Retour par la vallée de Mont-Joie en suivant la grande route : torrents impétueux.

(Peut se faire en voiture aller et retour : 3 heures ½.)

6° *Rives d'Hermance ; Saint-Nicolas-de-Véroce, Gorge du Torchet.* — Par le sentier des Poules, dans le Parc, rejoindre la route de Megève ; prendre à droite, près du pont du Bon-Nant, la vieille route ombragée de Saint-Nicolas-de-Véroce ou indistinctement le chemin carrossable jusqu'à Orsin : pentes très douces jusqu'au village.

Voir, à la limite inférieure de la commune, les gorges du Torchet, passage sauvage formé par les eaux jaillissantes des torrents du Torchet et de Chouseaux sur des roches granitiques grisâtres qui contiennent du soufre et de l'anthracite.

(Peut se faire en voiture, aller et retour 5 heures.)

7° *Vallée de Mont-Joie et des Contamines.* — Une des plus belles vallées des Alpes sur les flancs ouest du massif du Mont-Blanc. Belle route de 16 kilomètres s'élevant de 600 mètres à 1.164 mètres aux Contamines, et à

1.224 mètres à Notre-Dame de la Gorge, ancien lieu de pèlerinage, terminus carrossable. Paysage grandiose et sauvage de prairies, de forêts de sapins et de glaciers, apprécié déjà par les Romains et les Sarrazins.

Peut se faire par Saint-Nicolas à l'aller ou au retour. (Se fait en voiture : 6 heures, aller et retour.)

8° *Vallée de Mont-Joie et Gorges de la Gruvaz.* — Route de Bionnay jusqu'au pont de la Gruvaz (chalet-restaurant) qui conduit à la cascade et aux gorges en 20 minutes par un bon chemin tracé au fond du ravin.

(Se fait en voiture ; temps, aller et retour : 4 heures.)

9° *Vallée de Mont-Joie et Plateaux du Truc.* — Même route que ci-dessus jusqu'au pont de la Gruvaz ; puis, prendre le chemin du Miage, d'où se détache sous bois le chemin du plateau.

Le Miage et la Vallée de Montjoie

Promenade facile et très belle vue, aller et retour : 5 heures.

10° *Mont Paccard, Col de Forclaz, Vaudagne.* — Prendre à gauche de l'entrée de l'Établissement, par le Berchat. Montée aux flancs très boisés du Mont-Paccard, jusqu'au Col de Forclaz, 1,556 mètres, d'où l'on peut aller au Prarion ; de là redescendre sur Vaudagne (station de Servoz) par le chemin muletier. (Aller et retour : 6 heures).

11° *Le Prarion, Col de Voza et Belle-Vue.* — Montée par le Berchat

Vallée de Chamonix et ses Aiguilles
Aiguille du Goûter
Mont-Blanc
Aiguille de Bionnassay
Le Miage et Tricot

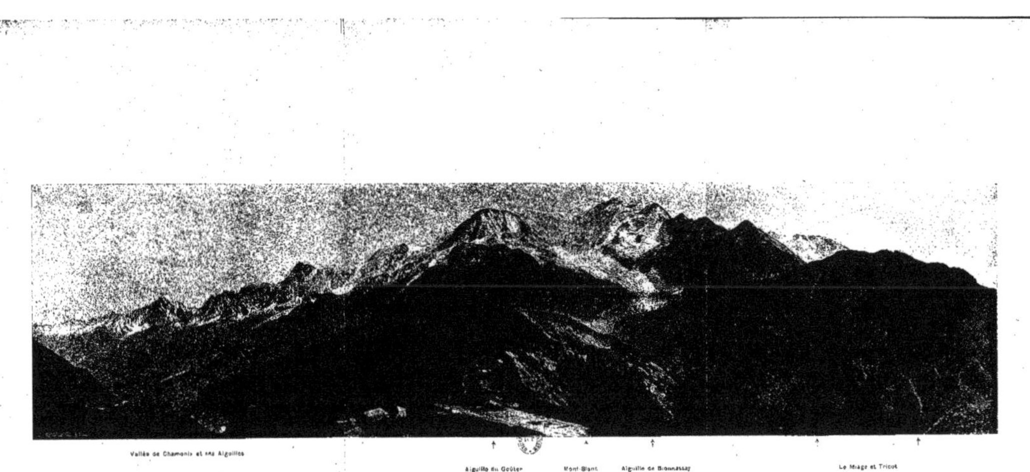

COL DE VOZA

jusqu'au chemin muletier du Prarion que l'on suit jusqu'au Chalet du Prarion : 3 heures de montée. Descente sur le Col de Voza 20 minutes et montée jusqu'au Pavillon de Belle-Vue en face, encore 20 minutes. Retour à pied, ou par la crémaillère T. M. B. en une heure 10 minutes depuis le Col de Voza.

12° *Chedde. Cascade et Lac-Vert.* — Prendre à gauche de la route de Chamonix et à droite après le pont du chemin de fer électrique jusqu'au hameau de Chedde (30 minutes) ; traverser un pont en bois et suivre le sentier qui conduit à la Cascade du même nom ; remonter et voir les sites pittoresques de l'Ugine. Retour sur Passy vers la gauche ou à droite sur l'usine électro-chimique de la Cheddite.

De la Cascade l'on peut aussi, en montant sur la droite, continuer

Le Mont-Blanc vu de St Martin près Sallanches

jusqu'au Lac-Vert (2 heures). Belle réflexion du Mont-Blanc dans ses eaux limpides *et boisées* (curiosité) : aller et retour, 5 heures.

13° *Route de Passy à Saint-Martin, Sallanches et retour par Domancy.* — Route de Chedde jusqu'après le pont du P.-L.-M. ; prendre sur la gauche jusqu'à la montée de Passy ; longer l'Arve jusqu'à Saint-Martin ; traverser l'Arve pour rejoindre Sallanches, jolie petite ville arrosée par la Sallanches, bien endiguée. Ancienne station romaine importante. Vue incomparable sur la Chaine du Mont-Blanc, de l'Aiguille-Verte jusqu'au Glacier de Tré-la-Tête. Cirque grandiose de montagnes.

14° *Passy et Pavillon de Charousse.* — Même route que la précédente ; gravir la route carrossable des riants coteaux et des beaux vergers de Passy jusqu'au village (50 minutes). De là, par les Outards, on atteint en 2 heures le Plateau isolé de Charousse (1.009 m.), emplacement d'un ancien château-fort historique. Admirable point de vue sur la Chaîne du Mont-Blanc, le Mont-Joly et la dépression de Megève (route carrossable en construction): aller et retour 5 heures.

15° *Servoz, Gorges de la Diozas.* — Prendre la route de Chamonix jusqu'à la gare de Servoz; de là, sur la gauche, rejoindre le village; visiter les belles Gorges de la Diozas : 600 mètres de long avec sept belles cascades (prix d'entrée 1 fr.). Retour par la vieille route sur Chedde. Aller et retour, 4 h. ½ ; se fait également en voiture ou par le train.

Gorges de La Diozas

Cascade de Servoz

Nota. — Il est encore loisible de faire nombre d'excursions autour de Chamonix, cette dernière localité n'étant qu'à 50 minutes du Fayet par le train électrique.

Nous citerons les plus faciles, renvoyant le lecteur aux guides spéciaux pour de plus amples détails :

1° *Visite du Glacier des Bossons.* — 45 minutes par le train jusqu'à la gare ; de là, marche jusqu'à la Grotte de Glace du Mont-Blanc : 3 heures aller et retour.

2° *Cascade du Dard.* — Par le Praz, à 30 minutes de Chamonix. Retour par les Bossons, en franchissant le Nant des Pèlerins : 3 heures ½ aller et retour.

3° *Montenvers et Mer de Glace.* — Par le chemin des Mouilles, des Planards et de Caillet. Traversée de la Mer de Glace : aller et retour en 5 heures.

Par la crémaillère, aller et retour, excursion complète, en 3 heures ½.

4° *Glacier d'Argentières.* — Train jusqu'à Argentières. Suivre à gauche du Glacier jusqu'à l'Hôtel de Lognan (2 heures) : à 30 minutes de là, le Jardin du Glacier ; magnifiques *seracs* et vue sur l'immense cirque de glace compris entre les Aiguilles du Chardonnet et l'*Aiguille-Verte* : aller et retour 5 heures depuis la gare.

Vue de Sallanches.

GRANDES ASCENSIONS

1° *Le Mont-Blanc* (4.810 m.) *par le Goûter*. — Se fait du Fayet en deux jours : trajet le plus court, le plus facile et le plus agréable.

Monter jusqu'au Col de Voza (à pied en 3 heures ; par la crémaillère T.M.B. en 1 h. 10). Suivre ensuite le tracé du chemin de fer, puis le chemin muletier de Tête-Rousse, en passant par Bellevue. De ce point, suivre le tracé de la voie ferrée future, à droite du Mont-Lachat jusqu'aux Rognes et Tête-Rousse (3.167 m.): 3 heures. Visiter la belle galerie taillée

Vallée de Bionnassay.

dans la glace par l'Administration des Eaux et Forêts, sous le glacier même. Coucher. — Départ le lendemain matin vers 2 heures par les Lacets de l'Aiguille du Goûter (3.843 m.). Cabane reconstruite en 1906. Puis, sur la neige et la glace, monter au Dôme du Goûter (4.331 m.). Col du Dôme (4.300 m.) et Refuge Vallot (4.362 m.) à 7 heures de Tête-Rousse. Le Refuge contient 12 à 15 personnes, lits de camp, paillasses et couvertures. Arrêt très court avant l'escalade des Bosses du Dromadaire (4.556 m.) ; arête droite et vertigineuse, mais sans danger jusqu'au Rocher de la Tournette (4.672 m.) ; pente de 50 % et sommet du Mont-Blanc (4.810 m.) ; dos d'âne de 150 m. sur 2 de large au point culminant (à 9 heures de Tête-Rousse). Panorama immense des masses neigeuses des Alpes de

Savoie, du Dauphiné, du Tyrol, d'Italie, de l'Oberland et du Valais. Température constamment au-dessous de zéro. Repos très court. Retour par le même itinéraire ou par les Grands-Mulets et Chamonix, en 10 heures.

2° *Le Mont-Blanc, par le Col du Miage.* — L'ascension se fait aussi par le Col du Miage que l'on atteint en 8 heures, en passant par Bionnay, le vallon de la Gruvaz, les Chalets et le Glacier du Miage français. Coucher au Refuge Durier, ouvert toute l'année ; apporter combustible et vivres.

Départ le matin à 3 heures. Voie facile au pied des Aiguilles-Grises (3.277 m.) ; remonter le Glacier par l'arête ouest, où l'on rejoint, par le Dôme du Goûter, l'itinéraire précédent. Durée du trajet jusqu'au sommet : 9 heures.

3° *Col de Voza, Bellevue, Traversée du Glacier de Bionnassay, Aiguille de Tricot, Col des Deux-Frères, Chalet du Miage.* — Itinéraire connu jusqu'à Bellevue. Coucher. Départ le matin à 4 heures par le sentier inférieur au flanc ouest du Mont-Lachat jusqu'au dernier Plateau du Glacier de Bionnassay que l'on traverse. Ascension du Col des Deux-Frères, le long du flanc nord de la Petite-Aiguille de Tricot (3.025 m.) : 8 heures de marche. Descente rapide en lacets sur les Châlets du Miage et retour jusqu'à la Vallée de Mont-Joie par Bionnay en 6 heures.

4° *Aiguille du Goûter par Tête-Rousse.* — Itinéraire décrit pour le Mont-Blanc : ascension en 8 heures, retour en 5 heures. Vue superbe sur les Chaînes et Vallées environnantes.

5° *Dôme du Miage* ou Mont-Blanc de Saint-Gervais (3.360 m.). — Par

Glacier et Aiguille de Bionnassay.

Bionnay, les Contamines, les Chalets d'Armancettes, le Glacier de la Frasse et le Col de Béranger, 3.369 mètres en 10 heures.

6° *Aiguille de Bionnassay* (4.066 m.). — Par le pied du Col et l'arête ouest du Miage, ou par Bellevue et le Glacier de Bionnassay. Ascension très dangereuse en 12 heures.

7° *Aiguille de Béranger* (3.430 m.). — Soit par l'itinéraire ci-dessus et un couloir de neige, rapide et difficile, mais sans grand danger; soit par le Chalet de Tré-la-Tête (1.975 m.), où l'on couche habituellement, et le Glacier du même nom (6 heures du Chalet).

8° *Glacier de Tré-la-Tête, Petit-Mont-Blanc* ou *Aiguille Centrale* (3.930 m.). — Par les Contamines jusqu'au Chalet de Tré-la-Tête, inauguré en 1906, où l'on couche. Le matin, ascension très facile en 2 heures du Glacier Central, un des plus beaux et des plus grandioses du massif; la partie supérieure forme un cirque étagé de glace offrant un panorama splendide.

Le Petit-Mont-Blanc ou Aiguille Centrale (3.930 m.), s'atteint par les Rochers de Tré-la-Tête, le Col du même nom et une arête rocheuse; (ascension facile et intéressante en 8 heures du Chalet).

9° *Tête Carrée.* — Se fait également du Chalet par le Glacier, le Col infranchissable (3.375 m.) et une pente neigeuse très facile : 8 heures.

10° *Aiguille de l'Allée-Blanche* (3.710 m.). — Se fait par le Glacier central de Tré-la-Tête et le Col de l'Allée-Blanche (3.563 m.), d'où, par une arête de neige assez longue et difficile, on escalade l'Aiguille.

11° *Aiguilles de Tricot* (2.828 m. à 3.680 m.). — Cette ascension comprend la Petite-Aiguille, les Pointes et la Grande-Aiguille.

Elle se fait par les Chalets du Miage et le Col de Tricot. Pour la Grande-Aiguille, aux Chalets, laisser sur la gauche le chemin du col en continuant sur le Glacier du Miage qu'on escalade par les pentes S.-O. Pas de grandes difficultés (7 heures).

En dehors des excursions du grand Massif nous citerons encore :

1° *Le Pavillon du Joly et le Mont-Joly* (2.527 m.). — Promenade facile et des plus recommandées, à faire de préférence par Saint-Nicolas-de-Véroce, soit par La Croix, Déchappieux, Les Lanches et Le Mottet,

Crémaillère T. M. B. au Mont Forchet.

soit par Le Goy et Le Lay en 5 heures. Aller et retour : 9 heures. Pavillon-restaurant du Joly à 2.002 mètres : confortable et prix modérés. Vue splendide sur le Mont-Blanc et toutes les montagnes de la Savoie.

2° *Aiguilles de Warens* (2.692 m.). — Par Saint-Martin près Sallanches, La Bay et les Chalets de Warens (8 heures ascension difficile et très fatigante). Vue superbe à plus de 10 lieues à la ronde. Retour en 6 heures.

3° *Les Fiz et Le Dérochoir.* — Montagne désolée à l'est de Warens. Éboulement terrible vers 1750. Se fait par Servoz, la plaine de Joux, la Balme et le Col du Dérochoir. Sentiers difficiles. En 6 heures.

4° *Désert de Platé.* — Vaste plateau de Lapiaz très intéressant au point de vue géologique ; situé à l'est de Warens. On y accède par les Aiguilles ou par Passy, Assy et les escaliers de Platé en 7 à 8 heures.

5° *Mont-Fleury et Pointe-Percée* (2.752 m.). — Le Rocher en contre-

bas du Mont-Fleury forme; par une large brèche que l'on aperçoit très bien, à l'œil nu, du Fayet, ce que l'on appelle Pointe-Percée. On y monte par Sallanches, Cordon et les Chalets des Laucherons en 9 heures; Sentiers rapides, mais peu dangereux.

6° *Le Buet* (3.200 m.). — Par Servoz, le Col d'Anterne, les Chalets de Villy et le Col de Leschaux ou celui de Salenton. Panorama immense et majestueux glacier. Ascension facile. En 11 heures.

COLS

De nombreux cols mettent le Fayet en relation avec les régions environnantes. Nous citerons :

SUR L'ITALIE.

1° *Le Col du Miage* (3.376 m.) que l'on atteint par les Chalets du Miage, le Refuge Durier. Descente sur Courmayeur en 12 heures.

2° *Le Col de Béranger* (3.369 m.) accède au Dôme du Miage à Tré-la-Tête par Armancette et le Glacier de la Frasse.

3° *Le Col de Tré-la-Tête* (3.500 m.) que l'on atteint par les Contamines et le Chalet de Tré-la-Tête ; soit par Le Nant-Borrant et les Chalets de la Jate ; soit par les Contamines, les Chalets de Planchamps et le plateau central du Glacier de Tré-la-Tête. De là on atteint le Col en obliquant à gauche.

Descente sur Courmayeur par les Chalets de l'Allée-Blanche (18 heures).

4° *Le Col de l'Allée-Blanche* (3.562 m.) double le Col de Tré-la-Tête. Très dur.

Cols sur Savoie.

1° *Col du Mont-Tondu* (2.895 m.). — Par le Chalet et le Glacier de Tré-la-Tête, d'où l'on se dirige sur la droite, vers le col qui descend aux Mottets, et de là à Bourg-Saint-Maurice, par les Chapieux. Facile et intéressant (10 heures jusqu'aux Mottets).

2° *Col des Glaciers* (3.098 m.). — Latéral et à gauche de celui du Mont-Tondu. Descente par l'arête séparant les glaciers des Glaciers et de la Lanchette (10 heures jusqu'aux Mottets).

3° *Le Col de l'Enclave* (2.685 m.). — Par les Contamines, le Nant-Borrant, les Chalets de Barme, la Vallée et le Lac du Jovet, d'où l'on escalade les éboulis conduisant au col situé entre le Mont-Tondu et la Tête de l'Enclave. Descente aux Mottets ou aux Chalets de Bellaval (même temps).

4° *Col du Bonhomme* (2.340 m.) et de la Croix du Bonhomme (2.485 m.) [muletier]. — Par les Contamines : Notre-Dame-de-la-Gorge et le Nant-Borrant ; 12 heures jusqu'à Bourg-Saint-Maurice, par les Chapieux et Bonneval.

5° *Vallée de la Gitte.* — Sentier conduisant du Col du Bonhomme à Beaufort, par Fontanes avec bifurcation par les Cols de la Chiaupe pour Roselend ou par le Col de la Sauce pour le Roc de Bioley.

6° *Col du Joly* (2.000 m). — Des Contamines par Beaulieu, Colomba, Montel et Lavaraçay, descente sur Haute-Luce par Beaufort en 7 heures.

7° *Col des Saisies* (1.650 m.). — De la Lézetta (1.830 m.) et de la Croix de Pierre reliant Flumet à Haute-Luce en 6 et 7 heures. Très faciles.

8° *Col de Jaillet* (2.017 m.). — De Sallanches à la Giettaz et Flumet par Cordon. En 7 heures jusqu'à la Giettaz.

Passages sur la Vallée du Fier.

1° *Col des Aravis.* — Par une très belle route très pittoresque et très fréquentée reliant Thones au Fayet (service régulier P.-L.-M. en auto-cars). Vue superbe sur la Chaine du Mont-Blanc. Bon restaurant.

2° *Ugines et le Lac d'Annecy par Flumet.* — Route nationale du Fayet par le village de Saint-Gervais, Mégève, Flumet et Ugines (en auto-cars ; service régulier P.-L.-M.). Route magnifique dans les Gorges de l'Arly depuis Flumet.

TARIF DES COURSES ORDINAIRES (GUIDES)

Altitude		Prix
1.009	Pavillon de Charousse	5. »
1.556	Col de la Forclaz	6. »
1.675	Col de Voza	6. »
1.812	Pavillon de Bellevue	7. »
1.860	Pavillon du Prarion	6. »
1.919	Mont-Joly, Pavillon	8. »
1.976	Glacier de Tré-la-Tête	12. »
2.007	Glacier de Bionnassay	9. »
2.040	Lac-Vert	6. »
2.111	Mont-Lachat	8. »
2.476	Désert de Platé	15. »
2.527	Mont-Joly, La Cime	10. »
2.562	Glacier du Miage	15. »
3.139	Glacier de Tête-Rousse	15. »

Voir les conditions générales du règlement des Guides au bureau spécial de la Mairie de Saint-Gervais (Village) et avoir bien soin de déterminer à l'avance les prix pour les porteurs et les autres frais qui pourraient être jugés nécessaires.

TARIF DES GRANDES COURSES (GUIDES)

Altitude		Prix
4.810	Mont-Blanc	90. »
4.362	Refuge Vallot	60. »
4.331	Dôme du Goûter	50. »
4.061	Aiguille de Bionnassay	80. »
3.917	Aiguille de Tré-la-Tête	70. »
3.845	Aiguille du Goûter	40. »
	*Par itinéraire autre que l'*Aiguille du Goûter, *il y a lieu de prévoir une augmentation de ce prix.*	
3.834	Aiguille des Glaciers	45. »
3.757	Tête Carrée	50. »
3.688	Dôme du Miage	50. »
3.491	Aiguille de Béranger	25. »
3.377	Col infranchissable	30. »
3.376	Col du Miage	30. »
	— jusqu'à Courmayeur	50. »
3.109	Le Buet	30. »
3.081	Grande Aiguille de Tricot	45. »
2.752	Mont-Fleury ou Pointe-Percée	30. »
2.632	Aiguille de Warens	20. »

RENSEIGNEMENTS

Depuis l'inauguration de la gare P.-L.-M. et du chemin de fer électrique de Chamonix, l'importance de la station du Fayet s'est accrue d'année en année. La nouvelle attraction de la Crémaillère du Mont-Blanc, inaugurée en 1909, va amener au Fayet un élément nouveau de touristes qui grossira encore le nombre déjà très important des baigneurs.

La fonction créant l'organe, de nombreux commerces se sont installés depuis quelques années donnant à la station toutes les ressources d'une petite ville : boucheries, épiceries, comestibles, boulangeries, nouveautés, photographie, coiffeurs, pharmacie, tabac, cafés, etc.

Un bureau de poste spécial, situé sur l'avenue de la gare, dessert Le Fayet. A cet égard et afin d'éviter tout retard dans la correspondance, nous recommanderons à messieurs les baigneurs de bien mentionner sur leurs lettres Le Fayet et non Saint-Gervais-les-Bains (Village) bien distinct de la station thermale, dont il est distant de 4 kilomètres.

Le logement des baigneurs est assuré par les hôtels de la Compagnie des Thermes et par ceux de la station dont nous donnons ci-dessous la liste, ainsi que par nombre de villas qui peuvent être louées au mois ou pour la durée de l'été :

Hôtels du Fayet par ordre d'importance :

Grand Hôtel de la Savoie, dans le Parc.
Grand Hôtel des Bains, dans le Parc.
Hôtel Terminus et Métropole.
Hôtel des Alpes.
Hôtel du Parc.
Hôtel de la Paix.
Hôtel-Pension du Bon-Nant.
Hôtel-Pension de la Gare.
Hôtel-Pension de la Poste.
Buffet de la Gare.

En outre, l'on peut encore loger :

1° A Saint-Gervais (Village), distant de 4 kilomètres, qui est une importante station climatique.

Hôtels de Saint-Gervais-les-Bains (Village) :

Grand-Hôtel.
Hôtel du Mont-Joly.
Hôtel Splendide.
Hôtel Moderne.
Hôtel du Mont-Blanc.
Hôtel-Pension de Genève.
Hôtel-Pension du Commerce,

grand nombre de Villas ne se louant que pour la durée de l'été.

2° A Passy à 3 kil. ½ : (voiture spéciale) au Grand-Hôtel de Passy.

A Chedde et voir même à Sallanches (6 kil.), reliés par train en quelques minutes.

DE L'HOTEL DE SAVOIE AU FAYET

Aller en automobile à ALLEVARD-LES-BAINS par Megève, Flumet, Ugines et Albertville (84 kil.) en traversant les pittoresques Gorges de l'Arly. Pour la Saison 1910, un service de breaks-automobiles sera assuré du Fayet à Allevard et d'Allevard au Fayet. A Allevard : SPLENDID-HOTEL, premier ordre, dans le parc de l'Établissement Thermal.

TARIF DES COURSES EN VOITURES

	PRIX
Saint-Gervais, aller	8 francs
Chedde	8 —
Saint-Gervais, aller et retour	10 —
Bionnay	12 —
Passy-Village	12 —
Sallanches	12 —
Saint-Nicolas, jusqu'à la montée	20 —
Passy, retour par Saint-Martin, Sallanches	20 —
Les Gorges de la Diosaz	20 —
Les Gorges de la Diosaz, passant par la montée	20 —
Les Houches	20 —
Les Contamines	25 —
Chamonix, aller	25 —
Megève	25 —
Tour des Deux-Vallées (Saint-Gervais, Combloux, Sallanches)	25 —
Notre-Dame-de-la-Gorge	30 —
Chamonix, aller et retour	30 —
Megève, par Combloux, Sallanches	30 —
Flumet	35 —
Argentières	40 —
Argentières, aller et retour	55 —
Les Fontaines d'Ugines	55 —
Albertville	65 —
Thônes	80 —

Ce Tarif n'étant pas officiel, avoir soin de faire son prix d'avance.

GRANDS HOTELS DE LA COMPAGNIE

Les seuls situés dans le Parc de l'Établissement Thermal

GRAND HOTEL DE LA SAVOIE

Ouvert de Juin à Octobre

140 chambres et salons confortables. — Cuisine renommée dans toute la région.

Ascenseur. — Lumière électrique. — Chambre noire. — Garage.

Concerts après les repas,

TARIF

Chambres sans pension y compris l'éclairage :		*Chambres avec pension, comprenant les 3 repas sans vin :*	
A 1 lit.	de 4 à 8 fr.	A 1 lit .	de 13 à 18 fr.
A gd lit	de 6 à 10 fr.	A gd lit .	de 24 à 28 fr. (2 personnes).
A 2 lits	de 8 à 12 fr.	A 2 lits .	de 26 à 30 fr. »

Arrangements pour longs séjours. — Prix spéciaux pendant les mois de Juin et Septembre.

HOTEL DES BAINS

Près des Sources Thermales et de la Chapelle de Notre-Dame-du-Torrent.

Cuisine soignée.

TARIF

Chambres :		*Pensions :*
A 1 lit	de 3 à 5 fr.	Chambres et les 3 repas sans vin
A 2 lits	de 6 à 10 fr.	De 9 à 13 fr.

NOTA. — Nous rappelons à MM. les Baigneurs qu'il n'existe **qu'un seul Établissement de Saint-Gervais** situé au **FAYET-SAINT-GERVAIS**. C'est donc exclusivement dans cette dernière localité que l'on doit se loger pour la cure thermale.

La station thermale du **FAYET-SAINT-GERVAIS** n'ayant pas de syndicat d'initiative, le Directeur de l'Établissement se tient à la disposition de toute personne qui aurait des renseignements particuliers à demander sur la station.

Le Guide, qui est gratuit, est envoyé franco par la poste sur simple demande.

CHEMINS DE FER DE PARIS-LYON-MÉDITERRANÉE

Billets d'Aller et Retour de Vacances, 1re, 2e et 3e Classes

POUR FAMILLES

Délivrés de toutes gares P.-L.-M. *à toutes gares* P.-L.-M.
aux familles d'au moins trois personnes

1° Du Jeudi qui précède la Fête des Rameaux au Lundi de Pâques inclus.

Validité : 33 jours. — Faculté de prolongation d'une ou plusieurs périodes de 15 jours; supplément à payer : **10 %** de la valeur du billet pour chaque prolongation.

2° Du 15 Juin au 15 Septembre

Validité *jusqu'au 5 Novembre*

Minimum de parcours simple : 150 kilomètres (Arrêts facultatifs).

PRIX : Les **deux premières personnes** paient le **Tarif général** ; la **3e personne** bénéficie d'une **réduction de 50 0/0** ; la **4e et chacune des suivantes,** d'une **réduction de 75 0/0.**

Lorsqu'un billet de vacances comprend plus de trois voyageurs, trois d'entre eux au moins sont tenus de voyager ensemble à l'aller et au retour; les autres ont la faculté, si la demande du billet en fait mention, de voyager isolément dans des conditions déterminées.

Il peut être, en outre, délivré à un ou plusieurs des voyageurs compris dans un billet collectif de vacances et en même temps que ce billet une carte d'identité sur la présentation de laquelle le titulaire sera admis à voyager isolément (sans arrêt) à moitié prix du Tarif général, pendant la durée de la villégiature de la famille entre la gare de départ et le lieu de destination mentionné sur le billet collectif.

Demandes de Billets : 4 jours à l'avance à la gare de départ.

Cartes d'Excursions, 1re, 2e et 3e classes

individuelles ou de famille

LIBRE CIRCULATION sur toutes les lignes indiquées ci-dessous et formant la zone de la Savoie

VALIDITÉ : 15 ou 30 jours avec faculté de prolongation

Émission dans toutes les gares du réseau P.-L.-M. : du Jeudi qui précède la Fête des Rameaux au Lundi de Pâques et du 15 Juin au 15 Septembre

Lignes composant la zone Savoie : Culoz à Genève-Cornavin; Bellegarde à Divonne-les-Bains et à Saint-Claude; La Cluse à Bourg; Bellegarde à Saint-Gingolph ; Annemasse à Genève E. V.; Aix-les-Bains à Annemasse; La Roche-sur-Foron au Fayet-Saint-Gervais ; Le Fayet-Saint-Gervais à Chamonix et à Argentières, et à Vallorcine; Annecy à Albertville; Albertville à Moutiers-Salins; Culoz à Modane; Saint-Pierre-d'Albigny à Albertville; Montmélian à Grenoble.

PRIX :

Carte individuelle. — *Valable 15 jours* : 1re cl., **72** fr. — 2e cl., **48** fr. — 3e cl., **32** fr.
— *Valable 30 jours* : 1re cl., **108** fr. — 2e cl. **72** fr. — 3e cl., **48** fr.

Carte de famille. — *Prix de la Carte individuelle avec les réductions suivantes :*
2e Carte : **10 %**. — 3e Carte : **20 %**. — 4e Carte : **30 %**. — 5e Carte : **40 %**. — 6e Carte : **50 %**

Demandes de Cartes sur formulaire (délivré dans les gares) adressé, accompagné d'un portrait photographié de chacun des titulaires, à Paris, *6 heures* avant *le départ du train ; 3 jours à l'avance dans les autres gares.*

AVIS. — *Pour renseignements détaillés, horaires, prix, combinaisons diverses de billets, relations internationales : consulter le* Livret-Guide-Horaire P.-L.-M., *en vente dans les gares, bureaux de ville, bibliothèques :* **0** fr. **50.** — *Envoi sur demande au* Service Central de l'Exploitation, *20, boulevard Diderot, Paris, contre* **0** fr. **70** *en timbres-poste.*

COMPAGNIE DES CHEMINS DE FER P.-L.-M.

Voies d'accès au Fayet-Saint-Gervais-les-Bains

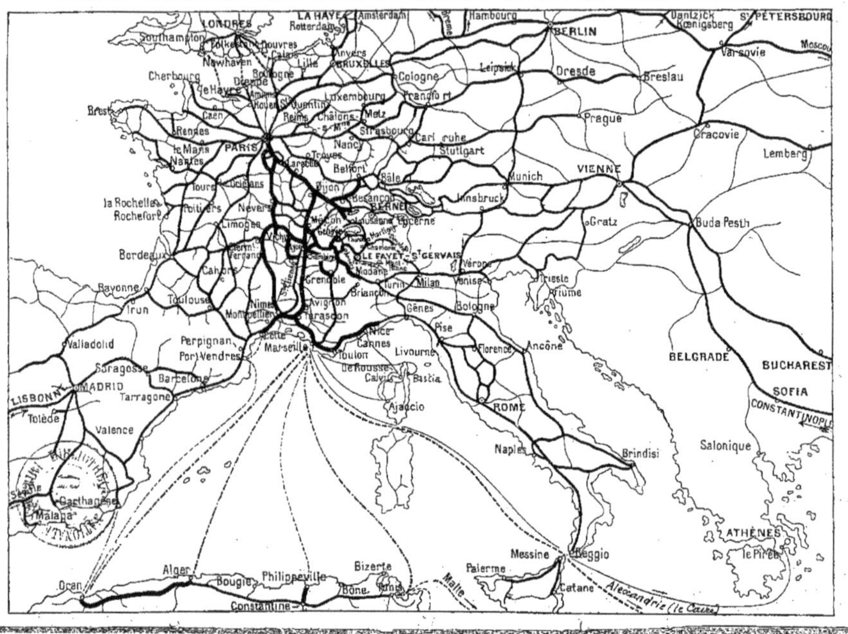

Papier, Gravure et Impression, L. GEISLER, aux Chatelles par Raon-l'Étape (Vosges).

CHEMIN DE FER A CRÉMAILLÈRE

DU

Mont-Blanc

15 Juin au 15 Septembre

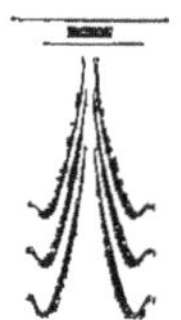

15 Juin au 15 Septembre

Terminus provisoire :

COL de VOZA

GRAND CHALET RESTAURANT

TARIFS :

		ALLER	ALLER et RETOUR
1re Section	Du Fayet-Saint-Gervais (P. L. M.) au Col de Voza.	10.95 (Enfant 1/2 place)	16.35 (Valables 3 jours)
2e Section	Aiguille du Goûter (3843m).	*En Construction*	

Billets directs délivrés aux gares P. L. M.

Papier, Gravure et Impression L. GEISLER, aux Châtelles, par Raon--l'Étape (Vosges).

www.ingramcontent.com/pod-product-compliance
Ingram Content Group UK Ltd.
Pitfield, Milton Keynes, MK11 3LW, UK
UKHW020455180726
13839UKWH00004B/1812